단숨에
읽는
천로역정
天路歷程

단숨에 읽는 **천로역정**

ⓒ **생명의말씀사** 2018

2018년 7월 5일 1판 1쇄 발행
2022년 9월 21일   4쇄 발행

펴낸이 | 김창영
펴낸곳 | 생명의말씀사

등록 | 1962. 1. 10. No.300-1962-1
주소 | 서울시 종로구 경희궁1길 6 (03176)
전화 | 02)738-6555(본사) · 02)3159-7979(영업)
팩스 | 02)739-3824(본사) · 080-022-8585(영업)

원작 | 존 번연
지은이 | 김홍만

기획편집 | 유선영, 정설아
디자인 | 조현진
인쇄 | 영진문원
제본 | 보경문화사

ISBN 978-89-04-16632-9 (03230)

저작권자의 허락 없이 이 책의 일부 또는 전체를
무단 복제, 전재, 발췌하면 저작권법에 의해 처벌을 받습니다.

THE PILGRIM'S PROGRESS

단숨에 읽는 천로역정
天路歷程

존 번연 원작
김홍만 지음

생명의말씀사

들어가는 글

　존 번연의 『천로역정』은 성경 다음으로 많이 읽힌 기독교 고전이다. 이 책은 구원의 여정을 보여 주는 책으로, 먼저 성령의 역사로 죄에 대한 각성이 일어나, 구원을 위해 그리스도께로 나아가는 과정을 묘사하고 있다. 그리고 그리스도에 대한 믿음으로 구원을 받고, 구원 이후에 성령의 역사로 거룩한 삶을 추구하는 것을 그리고 있다. 최종적으로는 죽음을 통해서 천국에 들어가거나 혹은 거짓 믿음을 가지고 있다가 지옥으로 떨어지는 것을 서술하고 있다.

　『천로역정』은 쉬운 책일 수도 있고, 어려운 책일 수도 있다. 영적인 것에 대해 깨닫는 상태에서는 쉽고 재미있는 책일 수 있다. 그러나 성경적 구원 체험에 대해 풍유적으로 묘사하고 있기 때문에, 영적인 것을 전혀 깨닫지 못하는 상태에서는 매우 어려운 책일 수 있다. 더욱이 분량이 적지 않은 데다가 수많은 인물이 등장하여 더 어렵게 느껴질 수 있다.

『천로역정』을 수백 회 이상 강해하면서, 이 책의 내용을 더욱 쉽고 빠르게 파악하며 구원의 은혜를 깨닫게 할 방법이 없을지 찾기 시작했다. 이러한 노력 가운데 본래의 내용과 메시지를 읽기 쉽게 축약하고 정리하여 본서를 저술하게 되었다.

이 책을 통해 『천로역정』의 맥을 단숨에 파악하고, 무엇보다도 복음의 진리와 성경의 중요한 교리들을 정확하게 이해할 수 있길 바란다. 그리고 진정한 구원의 은혜 가운데 바른 구원의 길로 나아가길 소망한다.

한국청교도연구소 소장
김홍만 목사(Ph. D)

차례

들어가는 글   4

1. 영적으로 깨어나는 죄인   8
2. 전도자   12
3. 시험들   18
4. 좁은 문   24
5. 해석자의 집   28
6. 십자가 언덕   40
7. 구원의 은혜에 미치지 못하는 자들   44
8. 고난의 언덕   48

9.	아름다운 궁전	54
10.	영적 전투	64
11.	유혹들	70
12.	허영의 도시	78
13.	위선자들	84
14.	샛길 초원과 의심의 성	90
15.	기쁨의 산	98
16.	아첨쟁이와 마법의 땅	104
17.	죽음의 강과 천성 입성	112

1.

영적으로 깨어나는 죄인

한 남자가 성경을 읽다가 두려움에 빠졌다. 자신이 죄인이라는 것을 깨닫게 된 그 남자는 자신의 행위가 얼마나 더러운지, 자신이 평생 지어 온 죄가 얼마나 어마어마한지를 알게 되었다.

그 남자 : (당황해하면서) 아, 어떡하면 좋지? 나의 죄가 이렇게 엄청나다니……. 내 등 뒤에 이렇게 무거운 죄 짐이 지워져 있다니……. 내 옷은 또 왜 이렇게 남루하고 더러운 걸까? 내 인생이 더러운 행위로 가득 차 있기 때문이구나.

그 남자는 자신이 저지른 엄청난 죄와 불의에 대해 하나님의 심판이 있다는 사실을 깨닫고 두려움을 느꼈다.

그 남자 : (고개를 떨군 채 울면서) 이제 나는 하나님의 심판을 받게 될 거야. 어떻게 해야 이 무서운 심판을 피할 수 있단 말인가?

(한숨을 쉬면서) 내가 사는 곳이 이렇게 죄인들로 가득 차 있다니……. 하나님의 심판이 곧 임할 텐데, 나는 어디로 피해야 한단 말인가?

그 남자에게 이름이 없었던 이유는 그의 이름이 아직 생명책에 기록되지 않았기 때문이다.

그 남자는 가족들이 있는 집으로 왔다.

그 남자 : (아내를 심각한 표정으로 바라보면서) 여보, 우리가 사는 도시에 이제 하나님의 심판이 임할 것이오.

그 남자의 아내 : 아니, 무슨 미친 소리예요!

그 남자 : 우리가 모두 죄인이기 때문에 하나님의 심판을 받을 수밖에 없소.

그 남자의 아이들 : (모두 네 명이었다.) 아빠, 그게 무슨 소리예요? 우리는 지금 잘 살고 있잖아요.

그 남자 : 아니야. 이제 우리는 구원의 길을 찾아야 해.

2.

전도자

    그 남자는 들에 나가서 계속 성경을 읽고 기도도 했다. 구원의 방법과 구원의 길을 찾기 위해서였다. 그때 전도자라는 사람이 그에게 다가왔다.

전도자 : 형제여, 왜 여기서 괴로워하고 있습니까?

그 남자 : 저는 멸망의 도시에 사는데, 이제 곧 하나님의 심판이 우리에게 임한다는 것을 알게 되어 구원의 길을 찾고 있습니다. 제가 괴로워하는 이유는 그 길을 아직 찾지 못해서입니다.

전도자 : 언제부터 그런 깨달음을 얻게 되었습니까?

2. 전도자

그 남자 : 성경을 읽으면서부터입니다.

전도자 : 아, 형제에게 성령의 역사가 시작되었군요.

그 남자 : 성령의 역사라니요?

전도자 : 하나님이 영혼을 구원하실 때, 성령의 역사로 그 영혼이 죄인이라는 것을 깨닫게 하시는 것입니다.

그 남자 : 그러면 어떻게 해야 합니까?

전도자 : 좁은 문을 향해 가십시오. (크고 넓은 들판을 가리키면서) 저 너머 좁은 문이 보입니까?

그 남자 : 아니요, 안 보입니다.

전도자 : 그러면 저 너머 밝은 빛이 보입니까?

그 남자 : 네, 보입니다.

전도자 : 당신의 눈에 보이는 빛을 따라가십시오. 그러면 좁은 문이 보일 것입니다. 그곳에서 문을 두드리면 누군가가 나와서 또 갈 길을 알

려 줄 것입니다.

그 남자 : 네, 전도자님. 감사합니다.

그 남자는 전도자가 지시한 대로 길을 떠나기 시작했다. 그 남자가 마을을 벗어나려고 하자, 마을 사람들과 그 남자의 가족들이 쫓아 나왔다.

그 남자의 아내 : 여보, 우리를 두고 어디 가세요. 어서 돌아와요.

그 남자의 아이들 : 아빠, 돌아오세요. 아빠!

그 남자는 귀를 틀어막은 채 뒤도 돌아보지 않고 뛰어가기 시작했다.

그 남자 : 이제 나는 영원한 생명을 찾아가야 해!

그 남자가 한참 뛰어가고 있는데, 그 남자의 세상 친구들이 그를 붙잡아 데려가려고 뒤쫓아 왔다. 그들의 이름은 변덕쟁이와 고집쟁이였다.

변덕쟁이와 고집쟁이 : (그 남자를 붙잡으면서) 아니, 이 친구야. 가족을 버려두고 어디로 가는가?

그 남자 : 구원과 영원한 생명을 찾아가는 길이네.

고집쟁이 : 이 사람, 정신이 나갔군!

변덕쟁이 : 구원과 영원한 생명이 뭔가?

그 남자 : 구원은 죄에서 건짐을 받는 것이며, 영원한 생명은 우리의 영혼이 영생을 얻는 것이네.

변덕쟁이 : 그것을 가지면 행복해지는 건가?

그 남자 : 그럼, 물론이지.

변덕쟁이 : 행복을 찾는 거라면 나도 같이 가고 싶네.

고집쟁이 : 아니, 자네들 미친 거 아닌가? 나는 재

미있는 내 고장으로 돌아가겠네.

고집쟁이는 두 친구를 뒤로하고 멸망의 도시로 돌아갔다. 그 남자의 이름은 크리스천으로 바뀌었다. 그가 구원과 영생의 은혜를 분명히 알고, 그것을 찾고 있었기 때문이다.

3.

시험들

　크리스천과 변덕쟁이가 같이 길을 가고 있었다. 그런데 두 사람은 다른 점이 있었다. 크리스천의 등에는 죄 짐이 있었지만, 변덕쟁이에게는 없었다. 변덕쟁이는 영적 각성 없이 순례의 길을 나선 것이다. 변덕쟁이는 구원을 세상적으로 이해하고 있었다.

　크리스천과 변덕쟁이는 대화에 너무 집중한 나머지 앞을 살피지 못하고 수렁에 빠졌다. 그 수렁의 이름은 절망의 수렁이었다.

변덕쟁이 : (화를 내면서) 아니, 구원을 얻는 길이 이렇게 힘들

고 어렵단 말인가? 나는 돌아가겠네. 자네나 혼자서 잘 가게나.

변덕쟁이는 절망의 수렁을 빠져나와 멸망의 도시로 돌아갔다. 크리스천은 수렁에 혼자 남아 허우적거리고 있었다. 그러나 그는 좁은 문 방향으로 기어오르려고 노력했다.

크리스천 : 나는 순례의 길을 절대 포기할 수 없어!

그때 도움이라는 사람이 크리스천을 도와주기 위해 다가왔다.

도움 : 어떻게 하다가 이곳에 빠졌습니까?

크리스천 : 너무 많은 말을 하다가 영적 주의력을 잃어버려서 이렇게 빠지고 말았습니다. 그러나 저는 순례의 길을 절대 포기할 수 없습니다.

도움 : 아, 순례자이시군요. 그러면 제 손을 잡으십시오.

크리스천은 도움 덕분에 절망의 수렁에서 빠져나올 수 있었다. 절망의 수렁은 순례의 길을 떠난 사람들에게 일어나는 시험이다. 그러나 주의 은혜로 그곳에서 빠져나올 수 있던 것이다.

수렁에서 나온 순례자는 길을 조금 더 가다가 세상 지혜자를 만났다. 세상 지혜자는 순례의 길을 방해하는 자였다.

세상 지혜자 : 무거운 짐을 지고 어디로 가는 중입니까?
크리스천 : 죄에 대한 용서와 구원을 얻기 위해 좁은 문으로 가는 중입니다.
세상 지혜자 : 좁은 문은 좁아서 들어가기 힘든데……. 내가 더 쉬운 길을 알려 줄 수 있습니다.

3. 시험들

크리스천 : 그렇습니까? 저에게 알려 주십시오.

세상 지혜자 : 율법주의자의 집을 찾아가십시오. 그러면 당신의 죄 짐을 쉽게 벗을 수 있을 것입니다.

크리스천은 전도자가 알려 준 순례의 길에서 벗어나 율법주의자의 집으로 향했다. 그러나 그 길은 세상 지혜자의 말과 달리 험한 산길이었다.

크리스천 : 아니, 세상 지혜자에게 속은 것 같은데? 길이 더욱 험해지네.

그때 산에서 바윗덩어리가 떨어져 그의 앞에 쏟아졌다.

크리스천 : 큰일 났네! 전도자님의 말을 어기고 거짓 선생의 말을 들어서 이제 멸망하게 됐어. 어떡하지……

바로 그때 전도자가 나타났다. 이것은 잘못된 길에 들어선 성도를 도와주시는 하나님의 은혜였다.

전도자 : 당신은 내가 좁은 문으로 가라고 일러 준 사람이 아닙니까?

크리스천 : 맞습니다, 전도자님.

전도자 : 그런데 왜 여기에 있는 것입니까?

크리스천 : 세상 지혜자에게 속아서 이렇게 되었습니다.

전도자 : (엄중한 목소리로) 순례의 길에는 당신의 구원을 방해하려는 사람들이 매우 많이 있습니다. 거짓 선생들을 만나게 되면 반드시 분별해서 물리쳐야 합니다. 이제라도 회개하고 어서 바른길로 돌아가십시오.

크리스천 : (울면서) 선생님, 제가 어리석었습니다. 그러나 하나님이 전도자님을 다시 저에게 보내 바른길로 인도해 주셨습니다.

크리스천은 다시 순례의 길로 돌아왔다.

3. 시험들

4.
좁은 문

얼마 후 크리스천은 좁은 문에 도착했다. 굳게 닫힌 문 위에는 두드리면 열릴 것이라고 쓰여 있었다. 그래서 그는 문을 계속 두드리면서 외쳤다.

크리스천 : 이곳으로 들어가고 싶습니다!

마침내 호의라는 이름의 문지기가 문으로 다가왔다. 호의는 두드리는 자에게 하나님이 응답하신다는 의미의 이름이었다.

호의 : 누구십니까?

크리스천 : 저는 멸망의 도시를 떠나 영원한 생명을 얻기 위해 시온 산으로 가고 있는 순례자입니다. 전도자라는 분이 반드시 좁은 문을 통과해야 한다고 해서 이렇게 왔습니다. 저를 받아 주실 수 있는지요?

호의 : 기꺼이 받아들입니다. 어서 들어오십시오.

크리스천이 문 안으로 발을 들여놓자, 호의는 갑자기 크리스천을 와락 잡아당겼다.

크리스천 : 아니, 왜 그러십니까?

호의 : 저기 맞은편에 있는 성의 지붕에서 마귀가 이곳 순례자들을 향해 화살을 쏘고 있습니다. 만약 화살에 맞으면 문 안으로 들어오지 못하고 죽을 수도 있습니다.

크리스천 : 순례자들의 구원을 방해하려고 그렇게 무섭게

공격하는 거군요?

호의 : 네, 그래서 제가 순례자들을 돕고 있습니다. 주의 구원하시는 은혜는 절대 실패하지 않습니다.

크리스천 : 감사합니다. 그런데 문지기님, 제 등에 있는 죄 짐을 벗을 수 있도록 도와주시면 안 되겠습니까?

호의 : 아직은 안 됩니다. 한 군데 더 가볼 곳이 있습니다. 그러고 나서 십자가 언덕에 이르면 그곳에서 죄 짐이 해결될 것입니다. 그때까지 인내하며 순례의 길을 가셔야 합니다.

크리스천 : 그러면 저는 이제 어디로 가야 하나요?

호의 : 해석자의 집으로 가십시오.

크리스천 : 그곳은 어디에 있나요?

호의 : 이 곧바로 난 길을 가다 보면 이르게 될 것입니다.

크리스천 : 감사합니다, 문지기님.

5.
해석자의 집

크리스천은 계속 길을 가다가 해석자의 집에 이르렀다. 그는 문을 두드리고 또 두드렸다.

문지기 : (문을 열어 주면서) 누구십니까?
크리스천 : 저는 멸망의 도시를 떠나 시온 산으로 가고 있는 순례자입니다. 좁은 문에 서 있던 분이 이곳으로 가라고 해서 왔습니다.

문지기는 해석자에게 순례자 한 사람이 왔다고 말했다. 해석자는 순례자에게 교리를 가르쳐 주는 성령님을 상징한다.

5. 해석자의 집

해석자 : (크리스천에게 미소를 지으면서 환영하는 모습으로) 어서 들어오십시오. 내가 당신의 구원을 위해 꼭 필요한 가르침을 주겠습니다.

해석자는 7개의 장소로 크리스천을 데리고 다니면서 중요한 가르침을 전하기 시작했다.

해석자는 먼저 비밀스러운 방으로 크리스천을 데리고 들어가 벽에 걸린 그림을 보여 주면서 말했다.

해석자 : 이 그림에 있는 사람은 참된 목자를 나타냅니다. 내가 이것을 보여 주는 이유는 당신이 순례의 길에서 참된 목자와 거짓 목자를 분별하여 거짓 목자에게 속지 않게 하기 위한 것입니다.

크리스천 : 매우 훌륭해 보이는 사람이네요.

해석자 : 그는 진리를 가르치고, 영혼이 회심하기까지 수

고하며, 주의 일을 가장 우선시하는 사람입니다. 내가 이 그림을 첫 번째로 보여 주는 이유는 이러한 참된 목자를 따라야 안전하게 구원의 길을 갈 수 있기 때문입니다.

해석자는 이번에는 넓은 거실로 크리스천을 데리고 들어갔다. 그 방은 먼지로 가득 차 있었다. 해석자는 하인에게 먼지를 쓸라고 말했다. 하인이 비질을 하자 온통 먼지가 날아다녀서 숨을 쉴 수가 없었다. 그때 해석자가 옆에 서 있던 처녀에게 물을 가져다가 뿌리라고 지시했다. 처녀가 물을 뿌린 후에 바닥을 쓸자 방은 깨끗하게 청소되었다.

해석자 : 내가 이것을 보여 주는 이유는 율법과 복음의 관계를 설명하기 위해서입니다. 먼지가 가득한 이 방은

성화되지 않은 인간의 내면을 의미합니다. 하인은 율법을 의미하는데, 하인이 방을 쓸기 시작한 것은 율법이 인간의 내면의 죄와 부패성을 드러내기 시작한 것을 말합니다. 율법이 죄를 깨닫게 하는 것이지요. 그런데 먼지가 더욱 일어나고 방이 깨끗해지지 않은 이유는 율법을 통해서는 죄를 없앨 수 없기 때문입니다. 처녀는 복음을 의미하는데, 결국 처녀가 방을 깨끗하게 한 것은 복음 안에서 그리스도를 통해 죄를 용서받고, 그 마음이 성화된다는 것을 의미합니다.

크리스천 : 먼저 율법을 통해 죄를 깨닫고 나서, 복음을 통해 그리스도 안에서 죄를 용서받을 수 있다는 것을 알아 그리스도께로 간다는 의미인가요?

해석자 : 맞습니다. 따라서 죄인들에게는 반드시 율법을 먼저 설교해야 합니다. 그런 다음 복음을 설명해야 합니다.

해석자는 크리스천을 아주 작은 방으로 데리고 들어갔다. 방 안에는 두 소년이 있었는데, 한 소년의 이름은 인내였고,

다른 소년의 이름은 정욕이었다. 정욕은 불만이 가득 차 보였으나, 인내는 차분히 무언가를 기다리고 있는 모습이었다.

크리스천 : 정욕이라는 소년은 왜 저렇게 불만스러운 표정을 짓고 있습니까?

해석자 : 정욕은 모든 것을 갖기 위해 정욕의 삶을 살고 있습니다. 지금 가지고 있는 것에 만족하지 못해서 저러고 있는 것입니다. 저 소년은 결국 지옥에 떨어질 것입니다.

크리스천 : 그러면 저기 차분하게 앉아 있는 인내라는 소년은 무엇을 기다리는 건가요?

해석자 : 장차 올 영원한 것들을 기다리고 있습니다. 저 소년은 천국 백성의 모습을 나타내고 있는 것입니다.

해석자는 크리스천을 데리고 벽난로가 있는 곳으로 갔다. 벽난로에는 불이 활활 타오르고 있었는데, 이 불은 성도에게 있는 구원의 은혜를 의미한다. 그런데 마귀가 은혜의 불을 끄기 위해 계속 물을 퍼붓고 있었다. 그러나 불은 꺼지기

느커녕 더욱 활활 타올랐다.

크리스천 : (해석자의 얼굴을 보면서) 저렇게 물을 붓고 있는데 왜 불이 꺼지지 않는 것입니까?

해석자 : 벽난로 뒤로 가보십시오.

크리스천은 해석자의 지시대로 벽난로 뒤로 가보았다. 거기에서 크리스천은 그리스도께서 계속해서 불 위에 기름을 붓고 계신 것을 보았다. 크리스천은 해석자를 향해 소리쳤다.

크리스천 : 그리스도께서 은혜의 기름을 계속 붓고 계셔서 불이 꺼지지 않는 거군요!

해석자 : 맞습니다. 그리스도께서 성도에게 있는 은혜의

불을 유지하시는 것입니다. 그리스도 안에 있는 자는 주께서 끝까지 건지고 보호하십니다.

크리스천 : 해석자님! 그리스도의 보전의 은혜가 헛되지 않도록 더욱 그리스도를 의지하겠습니다.

해석자는 크리스천을 데리고 웅장한 궁전이 있는 곳으로 갔다. 궁전 문 앞에는 많은 사람이 모여 있었다. 그들은 문 안으로 들어가고 싶어 했으나 감히 들어가지 못하고 있었다. 문에서 조금 떨어진 곳에는 서기관 같은 사람이 책상 앞에 앉아 있었는데, 그는 안으로 들어가고자 하는 사람들의 이름을 책에 적고 있었다. 문 앞에는 군사들이 문을 지키고 서 있었는데, 그들은 문으로 들어가고자 하는 사람들을 어떻게든 막으려 하고 있었다.

그때 용감해 보이는 한 사나이가 책상 앞에 있는 사람에게 가서 자기 이름을 적어 달라고 했다. 이름이 적히자 그는 군사들을 향해 용감하게 돌진했다. 군사들은 그를 필사적으로 밀쳐 냈으나, 그는 그들을 뚫고 궁전 안으로 들어갔다. 그러자 궁전 안에서 이 사람이 영원한 구원을 얻었다는 선

언이 있었다.

크리스천 : 왜 많은 사람이 궁전 안으로 들어가지 않고 저렇게 바라만 보고 있습니까?

해석자 : 저들은 자신의 이익을 위해서는 그리스도를 따르지만, 손해를 보거나 힘이 들면 그리스도를 따르지 않는 자들을 의미합니다.

크리스천 : 그러면 저 사람들은 그리스도를 따르지만 구원의 은혜가 없는 상태군요?

해석자 : 맞습니다. 그러나 저 용감한 사나이는 그리스도를 믿고 따를 때 자신에게 어려움과 손해가 있다 할지라도 끝까지 그리스도를 따르는 자를 의미합니다.

크리스천 : 그러면 저 용감한 사나이만 그리스도의 진정한 제자군요.

해석자 : 그렇습니다. 진정한 구원의 은혜는 자기를 부정하고, 자기 십자가를 지고 그리스도를 날마다 따르는

것으로 나타납니다.

해석자는 크리스천을 캄캄한 방으로 데리고 들어갔다. 거기에는 철창 안에 앉아 있는 한 남자가 있었다.

크리스천 : 이 사람은 왜 여기 이렇게 갇히게 된 것입니까?
해석자 : 그 사람에게 직접 물어보십시오.
크리스천 : (그 남자에게) 어떻게 하다가 이렇게 갇혔습니까?
그 남자 : 저는 한때 신앙생활을 잘했던 사람입니다. 교회에서 봉사도 많이 했습니다. 그런데 그 정도면 다 된 줄 알고 교만에 빠져 세상 사람들과 어울리며 즐기다가 그리스도를 부인했고, 결국 타락해서 이렇게 갇혀 있는 것입니다.
크리스천 : 처음부터 은혜가 있었던 것이 아닙니까?
그 남자 : 처음에 저는 여러 가지 성령의 은사를 체험했습니다. 저는 그것이 구원의 은혜로 인한 체험인 줄 알았는데, 아니었던 것입니다. 저는 죄에 대한 각성도 없었고, 저의 영적 무지함도 인정하지 않았습니다. 사실 처

음부터 은혜가 없었던 것입니다. 피상적인 영적 체험을 가지고 구원받은 줄 알고 있다가, 결국 유혹에 완전히 빠져 그리스도를 부인하고 타락하고 만 것입니다.

해석자 : 크리스천 씨, 처음부터 구원의 은혜가 확실해야 합니다. 너무나 많은 사람이 거짓 영적 체험이나 성령의 은사를 맛본 것을 구원의 은혜로 착각하다가, 결국에는 은혜가 없어서 타락합니다.

크리스천 : 그러면 교회에서 항상 자신을 점검해야겠군요.

해석자 : 맞습니다.

해석자는 크리스천을 마지막 방으로 인도했다. 그곳에는 한 남자가 침대에서 일어나 앉아 있었는데, 그는 벌벌 떨면서 두려워하고 있었다. 그때 크리스천이 해석자에게 물었다.

크리스천 : 저 사람은 왜 저렇게 두려워 떨고 있습니까?

해석자 : (떨고 있는 남자에게) 자네가 떨고 있는 이유를 말하시오!

그 남자 : 밤에 잠을 자다가 꿈을 꾸었는데, 예수 그리스도께서 구름 위에 앉아 심판하러 오시는 모습을 보았습

니다. "죽은 자들아, 일어나 심판을 받으러 나오라."라는 소리에 무덤이 열리고 죽은 자들이 심판을 받으러 나왔습니다. 저는 그리스도께서 가라지와 검불을 모아 불못에 던지라고 명령하시는 소리를 들었습니다. 그때 그리스도께서 저를 보셨는데, 어찌할 바를 모르다가 깨어난 것입니다. 저는 정말 너무 무서웠습니다. 마지막 심판에 대한 준비가 되지 않았기 때문입니다.

크리스천 : 해석자님, 저는 소망이 있지만 한편으로는 두렵습니다.

해석자 : 지금까지 본 것을 모두 기억하고, 순례의 길에서 도전과 격려가 되도록 하십시오.

크리스천은 해석사의 집에서 나와 길 떠날 준비를 했다.

6.
십자가 언덕

크리스천은 약간 경사가 있는 왕의 대로로 올라가기 시작했다. 등에 진 무거운 짐 때문에 힘들었지만 그는 사모하는 심령으로 달려 올라갔다.

언덕 꼭대기에 이르니 그곳에는 십자가가 서 있었고, 그 아래쪽에는 무덤이 있었다. 크리스천이 십사가를 바라보자 등에 있던 죄 짐이 떨어져 나가 무덤으로 들어갔다.

크리스천 : 주께서 저의 죄 때문에 십자가에서 죽으셨습니다. 이제 저에게 생명을 주셨습니다. 주님, 정말 감사합니다.

크리스천은 너무 기뻐서 눈물을 흘리고 또 흘렸다. 크리스천이 울면서 십자가를 바라보고 있을 때, 천사 세 명이 나타나 크리스천에게 다가갔다.

천사 1 : 당신의 죄는 용서받았습니다.

천사 2 : 누더기를 벗어 버리고 이 새 옷을 입으십시오. 당신은 이제 의인이 되었습니다.

천사 3 : (그의 이마에 표식을 하면서) 당신은 이제 하나님의 자녀가 되었습니다. 그리고 이 두루마리를 드립니다. 여행 중에 이것을 읽으면 위로가 될 것입니다. 나중에 천성문에 이르면 이 두루마리를 제시하십시오.

크리스천은 기뻐서 껑충껑충 뛰면서 혼잣말로 소리쳤다.

크리스천 : 이제 제가 그리스도께 연합되어서 이렇게 많은 은혜를 받게 되었습니다! 주님, 감사합니다!

7.

구원의 은혜에
미치지 못하는
자들

회심을 경험한 크리스천은 계속 순례의 길을 가기 시작했다. 그런데 길에서 약간 떨어진 곳에서 세 사람이 잠을 자고 있었다. 그들의 이름은 미련쟁이, 게으름뱅이, 거드름쟁이였다. 그들은 교회 안에 있으면서 영적으로 깨어나는 것에는 관심이 없는 자들이었다.

크리스천 : (그들을 안타깝게 바라보면서) 여보시오. 어서들 일어나시오. 여기에서 계속 잠을

자다가는 멸망에 이르게 됩니다.

세 사람 : 시끄럽소! 우리는 아무 문제가 없소. 당신 갈 길이나 가시오.

그 사람들은 다시 누워 잠을 잤다. 그들의 발에는 죄의 족쇄가 채워져 있어서 도무지 영적으로 깨어날 수 없었다.

크리스천 : (안타까워하면서 혼잣말로) 지옥이 앞에 있는데도 잠을 자다니…….

그때 두 사람이 담을 넘어 순례의 길로 들어왔다. 그들의 이름은 형식주의자와 위선자였다.

크리스천 : 왜 이 길의 입구에 있는 좁은 문으로 들어오지 않았습니까? 담을 넘어 들어온 당신들은 도적입니다.

형식주의자와 위선자 : 무슨 소리입니까? 우리는 관습대로 담을 넘어 들어왔을 뿐입니다. 우리도 당신과 똑같은 이 길에 있기 때문에 구원받을 수 있습니다.

크리스천 : 아닙니다. 당신들은 좁은 문을 통과하지 않았고, 십자가 언덕도 통과하지 않았기 때문에 구원받지 못합니다.

형식주의자와 위선자 : 허허허! 우리는 교회에서 모든 종교적 행위들을 하고 있습니다. 그러니 반드시 구원받을 것입니다.

크리스천 : (안타까운 얼굴로 그들을 물끄러미 바라보면서 혼잣말로) 자기의 거짓 확신에 사로잡혀 있구나.

크리스천은 가던 길을 계속해서 갔다. 형식주의자와 위선자는 크리스천의 뒤를 따라오고 있었다.

8.
고난의 언덕

크리스천은 고난의 언덕이라는 곳에 이르렀다. 형식주의자와 위선자도 언덕에 도착했다.

형식주의자와 위선자 : (서로 바라보면서 말했다.) 험한 산길을 갈 수 없습니다. 서로 편한 길을 택해서 갑시다.

두 사람은 구원의 은혜가 없었기 때문에 고난의 언덕을 택할 수 없었다. 결국 두 사람은 광야로 들어가 길을 잃어버리고 죽고 말았다.

크리스천 : (언덕 입구에 있는 샘물을 마시면서) 주께서 순례자들이 고난을 견뎌 낼 수 있도록 샘물을 예비해 놓으셨구나.

크리스천은 샘물을 마시고 새로운 기운을 얻어 언덕을 오르기 시작했다. 언덕은 매우 가팔랐다. 그런데 언덕 꼭대기로 올라가는 중간에 정자가 있었다.

크리스천 : 아, 순례자들이 쉬어 갈 수 있도록 주께서 정자를 마련해 두셨구나. 주님, 감사합니다.

크리스천은 정자에서 쉬다가 깊은 잠에 빠져 손에 쥐고 있던 두루마리를 떨어뜨리고 말았다. 크리스천이 잠을 자고 있을 때 누군가 다가와 말했다. "게으른 자여 개미에게 가서 그가 하는 것을 보고 지혜를 얻으라." 이 소리를 들은 크리스천은 벌떡 일어나 언덕 꼭대기에 이를 때까지 빠르게 달려 올라갔다. 그러나 두루마리를 잃어버린 줄은 전혀 몰랐다.

크리스천이 언덕 꼭대기에 이르렀을 때, 두 사람이 헐레

벌떡하면서 가던 길에서 돌아오고 있었다. 한 사람의 이름은 겁쟁이였고, 다른 사람의 이름은 의심이었다.

겁쟁이와 의심 : 돌아가시오. 이 길을 계속 가면 사자들을 만나서 죽을 수 있소.

이 말을 마치고 그들은 가버리고 말았다.

크리스천 : 두 사람의 말을 생각하니 두렵구나. 두루마리를 읽고 용기를 얻어야겠다.

크리스천은 가슴 안쪽으로 손을 넣어 두루마리를 찾았다. 그러나 두루마리가 없었다. 그 두루마리는 구원의 확신을 주는 것인데, 게으름에 빠져 구원의 확신을 잃어버린 것이다.

크리스천은 얼른 무릎을 꿇고 기도하기 시작했다.

크리스천 : 주님, 용서해 주십시오. 순례자들이 잠깐 쉬어 갈 수 있도록 마련해 주신 곳에서 게으름에 빠져 두루마리를 잃어버리고 말았습니다. 이제 더는 게으름에 빠지지 않겠습니다.

크리스천은 한숨을 쉬면서 정자로 다시 돌아갔다. 그는 정자에 이르러 울고 또 울면서 두루마리를 찾게 해달라고 계속 기도했다.

그는 슬픈 눈으로 나무 의자 밑을 내려다보다가 마침내 그곳에서 두루마리를 발견했다. 그는 떨리는 손으로 두루마리를 얼른 집어 들어 품속에 넣었다. 두루마리를 다시 찾게 된 기쁨은 이루 말할 수 없었다.

크리스천 : 주님, 감사합니다. 두루마리를 다시 찾아 천성문에 안전하게 들어갈 수 있게 해주셨습니다. 주님, 이제 더는 게으름에 빠지지 않겠습니다.

9.
아름다운 궁전

두루마리를 되찾은 크리스천은 더욱 빠른 걸음으로 계속 길을 걸어 나아갔다. 그러나 언덕 꼭대기에 이르기 전에 해가 지고 말았다. 크리스천은 낮잠을 잤던 자신의 어리석은 행동을 슬퍼하며 후회했다. 그러다가 눈을 들어 보니 앞에 아름다운 궁전이 있었다. 궁전 문 앞에는 사자 두 마리가 있었다.

크리스천 : 겁쟁이와 의심이 저기 있는 사자들을 보고 무서워서 되돌아간 것이구나. 나도 무서운데 저기를 어떻게 통과하지?

이때 문지기가 머뭇거리는 크리스천을 보고 소리쳤다.

문지기 : 여보시오. 사자들을 두려워하지 마십시오. 그것들은 쇠사슬에 묶여 있습니다. 길의 한가운데로 오면 어떤 해도 입지 않을 것입니다.

크리스천 : 문지기님, 왜 문 앞에 사자 두 마리가 있는 것입니까?

문지기 : 아름다운 궁전은 교회를 의미합니다. 교회의 회원이 되려면 반드시 믿음이 있어야 하는데, 믿음이 있는지 없는지 확인하기 위해서 사자들을 갖다 놓은 것입니다.

크리스천 : 이렇게 도와주셔서 감사합니다.

문지기 : 이 궁전의 주인이신 그리스도께서 선택된 백성과 주의 은혜로 여기까지 온 사람들을 도와주라고 저에게

명령하셔서 도와드린 것뿐입니다.

크리스천 : 저는 주의 은혜로 멸망의 도시를 떠나 이곳까지 왔습니다. 이곳에서 주께서 저를 또 도와주시고 잡아주시니 정말 감사합니다.

문지기 : 구원하시는 주의 은혜는 절대 실패하지 않습니다. 이제 제가 당신을 교회 직원들에게 인도하겠습니다.

문지기는 분별이라는 교회 직원을 불러왔다.

분별 : 제가 형제의 영적 상태를 확인하겠습니다. 회심하셨습니까?

크리스천 : 네. 성령의 역사로 제가 죄인이라는 것을 깨닫고, 그리스도 안에서 죄에 대한 용서가 있음을 알아 그리스도를 붙잡고 믿게 되었습니다.

분별 : 환영합니다. 이제 회개하여 주님의 신실한 백성이 되셨습니다. 저녁 식사가 준비될 때까지 다른 분들과 대화를 나누십시오.

분별은 신중, 경건, 자비를 불러왔다. 그들도 교회 직원이었다.

그들은 크리스천과 대화를 나누면서 크리스천에게 진정한 구원의 은혜가 있는지, 그가 주의 성찬을 받기에 합당한지 살피고자 했다. 교회 직원은 진정한 신자와 거짓 신자를 구별하여 교회의 경건의 능력을 유지하는 것이 의무이기 때문이다.

경건 : 여기까지 오는 길에서 어떤 체험을 하셨습니까?

크리스천 : 좁은 문과 십자가 언덕을 지나왔습니다. 특별히 십자가 언덕에서 저의 죄를 위해 십자가에서 돌아가신 그리스도를 체험했습니다.

경건 : 회심을 분명하게 경험하셨군요. 신중 씨, 크리스천 씨에게 질문하세요.

신중 : 과거의 세상 친구들을 지금도 사귀고 있습니까? 과거에 세상에서 즐거워하던 것들을 지금도 하고 계신지요?

크리스천 : 변화를 받은 후에는 그런 것들을 미워하고 있습니다.

신중 : 성령의 역사로 의지가 갱신된 것이 분명하군요. 감사합니다. 자비 씨, 질문하세요.

자비 : 왜 가족들과 함께 오지 않으셨나요?

크리스천 : 열심히 전도했지만, 그들은 듣지 않았습니다.

자비 : 혹시 크리스천 씨의 말과 행동이 달라서 가족들이 듣지 않은 것은 아닌지요?

크리스천 : 네, 그럴 수도 있지만 저는 계속 전도했습니다. 그러나 그들은 구원에 대해서 관심조차 없었습니다.

자비 : 당신은 열심히 그들에게 증거했기 때문에 그들이 멸망한다 하더라도 그들의 피에 대해서 책임이 없습니다.

그때 저녁 식사가 다 차려졌다. 그들은 모두 크리스천과 함께 식사하면서 대화를 나누었다. 식사 후에도 대화는 계속되었다. 잠자리에 들 시간이 되자 그들은 크리스천을 평안이라는 이름의 방으로 안내했다.

자비 : 이곳은 평안의 방입니다. 당신이 주무실 곳입니다.
크리스천 : 감사합니다. 이제 평안하게 안식할 수 있게 되었습니다.
자비 : 주께서 자신의 백성을 교회로 인도하셔서 영혼의 안식을 주십니다. 편히 주무십시오.

처녀들은 안내를 마치고 각자의 방으로 갔다.
다음 날 아침이 되자, 네 명의 처녀와 크리스천은 다시 교제했다.

경건 : (크리스천에게) 이제 아름다운 궁전 안에 있는 도서관으로 인도하겠습니다.

크리스천은 처녀들과 함께 도서관에 들어갔다. 경건은 도서관 안에 있는 책들에 대해 설명해 주었다.

경건 : 이곳에 있는 책들은 우리 주님의 구속 사역에 대한 책들이며, 그의 성도들이 주께 충성했던 이야기도 기록되어 있습니다.

크리스천 : 교회의 신자들이 반드시 성경을 읽고 연구해야 한다는 생각이 드는군요.

경건 : 맞습니다. 그래서 도서관을 보여 드린 것입니다. 다음 장소로 가실까요?

처녀들과 크리스천은 무기 창고로 갔다.

자비 : (수많은 무기를 보여 주면서) 이곳의 무기들은 교회의 신자들을 무장시키기 위한 것들입니다.

크리스천 : 저기에 있는 무기들은 무엇인가요?

자비 : 다윗의 물매와 삼손의 나귀 턱뼈입니다.

크리스천 : 저것들은 원래 무기라고 할 수 없지 않나요?

자비 : 맞습니다. 저것들은 무기가 아닙니다. 이는 무기에

9. 아름다운 궁전 61

능력이 있는 것이 아니라 볼품없는 도구이지만 그것을 사용하시는 주님으로부터 능력이 나오는 것을 보여 주고 있습니다.

다음 날 아침이 되었다.

크리스천 : 이제 다시 순례의 길을 떠나야 할 것 같습니다.
신중 : 한 군데 더 가보실 곳이 있습니다.

처녀들은 크리스천을 데리고 집의 지붕 위로 올라갔다.

신중 : 저기 아름다운 산이 보이시지요?
크리스천 : 네, 보입니다. 매우 아름답군요.
신중 : 저 산은 기쁨의 산입니다. 기쁨의 산은 높은 수준의 영적 상태를 의미합니다. 기쁨의 산을 보여 드리는 이유는 높은 신앙의 수준에 이르도록 도전을 주기 위한 것입니다. 계속 순례의 길을 가다 보면 저곳에 이르게 될 것입니다.

처녀들은 크리스천을 데리고 다시 무기 창고로 갔다. 그들은 크리스천에게 전신갑주를 입혀 무장시켜 준 뒤 그를 배웅했다.

신중 : 이제 형제는 겸손의 골짜기로 내려가게 됩니다. 몸을 낮추고 조심해서 내려가십시오.

크리스천 : (처녀들을 향해 인사하면서) 감사합니다. 더욱 몸을 낮추고 겸손히 순례의 길을 가겠습니다. 감사합니다.

10.

영적 전투

    크리스천은 겸손의 골짜기 입구에서 마귀 아볼루온을 만났다. 아볼루온의 몸은 온통 비늘로 뒤덮여 있었고, 배에서는 불이 솟구쳤다. 그는 순례자들을 죽이려고 이곳으로 나온 것이었다.

아볼루온 : 너는 내 백성이었는데 왜 나를 배반하고 그리스도에게 갔느냐? 이제 내게로 돌아오라. 그렇지 않으면 너를 죽여 버릴 것이다.

크리스천 : 나는 네 수하에 있을 때 온통 죄를 지으면서 살았다. 이제 나의 주인은 그리스도이시다. 너에게 절대

로 갈 수 없다.

아볼루온 : 기회를 주었는데 끝까지 고집을 부리는구나. 그럼 할 수 없다. 너를 죽이는 수밖에!

아볼루온은 말을 마치자마자 크리스천의 가슴을 향해 불붙은 창을 던졌다. 그러나 크리스천은 손에 든 방패로 창을 막아 위험을 면했다.

아볼루온과 크리스천의 전투는 반나절이나 계속되었다. 크리스천은 힘이 빠져서 뒤로 밀리고 있었다.

아볼루온 : 이제 나의 마지막 공격을 받아라!

아볼루온은 크리스천을 밀치면서 더욱 거세게 공격했다. 그 바람에 크리스천은 손에 들고 있던 칼을 놓치고 말았다.

크리스천 : (크게 소리치면서) 오, 주님, 도와주십시오!

크리스천은 모든 기도를 하면서 다시 칼을 잡을 수 있었다. 그는 아볼루온을 향해 소리치면서 달려들었다.

크리스천 : (아볼루온의 배를 찌르면서) 이제 나의 칼을 받아라!

아볼루온은 크리스천의 공격에 멀리 도망쳐 버렸다. 크리스천은 기진맥진한 상태이지만 우선 무릎을 꿇고 하나님께 기도했다.

크리스천 : 주님, 감사합니다. 오직 주님의 은혜로 마귀인 아볼루온을 물리칠 수 있있습니다. 감사합니다. 이제 오직 겸손히 주의 은혜만을 의지하겠습니다. 할렐루야!

크리스천은 전투에서 상처를 많이 입었지만 주께서 곧 낫게 해주셨다.

그는 다시 순례의 길을 나아갔는데, 사망의 음침한 골짜기라고 부르는 곳에 들어서고 있었다.

크리스천 : 이곳은 매우 음침하고 길이 좁구나. 발을 잘못 디디면 낭떠러지로 떨어지겠어. 주의 말씀을 더욱 의지해야겠다.

사방에서 귀신의 소리가 들려왔다. 그 소리는 주님의 선하심에 대해서 의심하게 하는 소리였다. 크리스천은 더욱 간절하게 기도하면서 길을 나아갔다.

크리스천 : 저기에 나보다 앞서가고 있는 성도가 보이네. 나만 이 길을 가는 것이 아니라 모든 성도가 이 길을 통과하는 것이구나. 주님, 도와주십시오. 저는 천성으로 가는 이 길을 반드시 통과하기 원합니다.

11.

유혹들

크리스천은 마침내 사망의 음침한 골짜기를 빠져나왔다. 계속 길을 가던 크리스천은 작은 언덕을 만났는데, 그곳에 올라가니 앞서가는 성도를 볼 수 있었다. 그 성도의 이름은 성실이었다. 크리스천은 그를 향해 소리쳤다.

크리스천 : 여보시오! 순례자이십니까? 기다리십시오. 같이 갑시다.

크리스천이 기다려 달라고 요청하는데도 성실은 서둘러 길을 나아갔다. 크리스천이 부르는 소리를 마귀가 유혹하는

11. 유혹들

소리로 알았던 것이다.

크리스천은 있는 힘을 다해 성실을 뒤쫓다가 성실보다 앞서게 되었다. 동료를 이겼다는 자만에 빠져 크리스천은 웃음을 지어 보였다. 그 바람에 앞을 조심해서 보지 않아 발을 헛디뎌 넘어지고 말았다.

크리스천 : 형제여, 저 자신을 형제보다 낫다고 생각하고 교만해졌습니다. 그래서 이렇게 넘어지게 되었습니다. 저를 용서하고 일으켜 주십시오.

성실 : (크리스천에게 나아가서) 제 손을 붙잡으십시오.

성실은 크리스천을 일으켜 주었고, 두 사람은 순례의 길을 함께 가기로 했다. 성실은 크리스천에게 자신이 여기까지 오면서 경험했던 일들을 이야기해 주었다.

성실 : 크리스천 씨, 저는 여기까지 오는 길에 많은 유혹을 받았습니다.

크리스천 : 어떤 유혹이었나요?

성실 : 바람둥이라는 여인이 저를 유혹하기도 했고, 첫 사람 아담이라는 노인이 자신을 따르면 쾌락을 주겠다고 하기도 했습니다.

크리스천 : 그 유혹에 넘어가진 않으셨지요?

성실 : 바람둥이 여인의 유혹은 단번에 물리쳤습니다. 그러나 첫 사람 아담의 유혹에 대해서는 마음이 흔들려서 따라가고 싶은 생각이 들었습니다.

크리스천 : 그래서요?

성실 : 그를 따라가면 죽게 될 것 같아서 그의 유혹을 뿌리쳤습니다. 그런데 그가 저를 놓아주시 않아서 빠서나오는 데 고생을 많이 했습니다.

크리스천 : 그자는 신자들에게 남아 있는 부패성을 자극하여 죄를 짓게 하는 사람입니다.

성실 : 그래서 율법이라는 사람이 뒤따라와서 저를 때렸습니다. 그 노인의 유혹에 마음이 끌렸던 죄 때문이지요.

그런데 예수님이 더는 때리지 못하게 해주셔서 살아남을 수 있었습니다.

크리스천 : 율법은 신자에게 죄를 깨닫게 하고 회개하게 합니다. 그런데 예수님 안에 있는 자는 율법을 온전히 지키지 못하거나 때로 그것을 어겨 죄를 짓더라도 정죄에 이르지 않습니다.

성실은 그때의 일을 생각하면서 자신이 그 노인에게서 빠져나올 수 있었던 것에 대해 크게 감사했다.

크리스천 : 다른 유혹들은 없었습니까?
성실 : 불만과 수치라는 자들을 만났습니다. 정말 지독한 자들이었지요. 그들은 저의 경건한 생활에 대해서 비난했습니다.
크리스천 : 그들은 형제의 구원을 방해하는 자들로 마귀의 수하에 있습니다. 신자에게 불평이 가득하게 만들고, 신앙적인 것을 수치스럽게 여기게 하여 신앙 고백에서 떠나게 하는 자들이지요.

성실 : 네, 맞습니다. 제가 그들의 유혹을 극복할 수 있었던 것은 모두 하나님의 은혜입니다.

이제 두 사람은 순례의 길을 함께 가고 있었다. 그때 그들 앞에 수다쟁이라는 사람이 걸어가고 있었다. 그는 멀리서 보면 잘생겨 보이지만 가까이에서 보면 그렇지 않은 사람이었다.

성실 : 여보시오. 천성으로 가는 길이라면 같이 갑시다.

수다쟁이 : 저도 천성으로 가는 중입니다. 형제들을 도와드릴까요? 저는 영적으로 이미 많은 경험을 했습니다. 물론 성경도 많이 알고 있습니다.

성실 : 네?

이때 크리스천이 성실에게 수다쟁이를 주의하라고, 그자

11. 유혹들

에게 속지 말라고 일러 주었다.

성실 : 훌륭하게 보이는데요?

크리스천 : 그는 타향에서는 성자라고 불리지만, 고향에서는 악인입니다. 그는 가정을 돌보지도 않습니다. 오늘날 교회에 이러한 사람들이 많습니다. 그는 혀로만 신앙생활을 하는 자입니다.

성실 : 크리스천 씨, 그러면 사람들에게 구원의 은혜가 있는지를 어떻게 분별하지요?

크리스천 : 그 영혼이 회심했다면 반드시 죄를 미워하고 싸우는 모습이 나타나게 되어 있습니다. 그것을 가지고 분별할 수 있습니다.

성실 : 다른 표시들은 없나요?

크리스천 : 예수님의 말씀처럼 자기를 부정하고, 자기 십자가를 지고 날마다 주님을 따른다면, 그에게는 구원의 은혜가 있다고 말할 수 있습니다.

성실 : 잘 알았습니다.

두 사람은 수다쟁이와 헤어진 후 계속 길을 나아갔다. 그들은 광야를 지나가고 있었다.

12.

허영의 도시

　두 사람은 광야를 거의 다 빠져나올 즈음, 전도자가 그들을 만나기 위해 오고 있는 것을 발견했다.

전도자 : 사랑하는 자들이여, 평안하기를 축복합니다.
크리스천 : 전도자님, 환영합니다.
성실 : 저희를 찾아 주셔서 감사합니다.
전도자 : 이제 여러분은 허영의 도시로 들어갈 것입니다. 모든 순례자가 이 도시를 반드시 지나가야 합니다. 그곳에서 여러분은 세상의 모든 유혹을 받을 것입니다. 그러나 세상과 타협해서는 안 되며, 그것을 마음에 두

어서도 안 됩니다. 오직 믿음을 지켜야 합니다. 여러분은 신앙을 지키다가 죽을 수도 있습니다.

순례자들은 전도자에게 감사했다. 전도자가 그들에게 나타난 이유는 세상의 유혹을 극복하는 것이 얼마나 중요한지를 알려 주기 위함이었다.

두 순례자가 허영의 도시에서 열리는 시장으로 들어가자 시장 사람들은 두 순례자의 모습을 보면서 비웃었다. 그들의 옷차림과 말투까지도 흉을 보고 있었다. 시장 사람들은 두 순례자에게 물건을 사라고 외쳤다.

크리스천 : (성실에게) 저들이 파는 물건에 눈길을 주면 안 됩니다.

성실 : (신중한 얼굴로 크리스천에게) 네, 그들이 파는 물건들이 우리를 주님에게서 멀어지게 하는 것임을 알고 있습니

다. 그리고 제 마음에 육신의 정욕을 일으키는 것임을 알고 있습니다.

크리스천 : 맞습니다. 형제여, 믿음을 가지고 이 도시를 어서 빠져나갑시다.

시장 사람들은 두 순례자에게 욕을 퍼부었고, 그들을 잡아야 한다고 주장했다. 결국 도시는 혼란에 빠졌다. 시장 사람들은 그 죄의 책임을 두 순례자에게 돌려 그들을 체포하고 재판에 넘겼다.

법정에는 두 사람을 재판하기 위해 재판관이 앉아 있었고, 배심원들도 있었다.

재판관 : 두 사람은 이 도시를 혼란에 빠뜨렸다. 너희 죄를 인정하느냐?

크리스천 : 우리는 이 도시에서 어떤 잘못도 하지 않았소.

거짓으로 증언하는 자들이 재판관을 향해 두 사람을 죽이라고 소리쳤다.

재판관 : 저기에 너희 죄를 증언하는 자들이 있지 않으냐?

성실 : 아니오. 우리는 그리스도를 믿는 신앙대로 행한 것 밖에 없소. 우리는 이 도시에서 어떤 악행도 저지르지 않았소.

재판관 : 이제 배심원들은 이 두 사람에 대해서 평결하십시오.

배심원들은 모여서 의논한 뒤 결론을 내렸다.

배심원 대표 : 존경하는 재판관님, 우리는 저 두 사람을 사형에 처하기로 평결을 내렸습니다.

재판관 : 그럼 이제 선고하겠습니다. 이 두 사람을 사형에 처하겠습니다.

법정에 있던 거짓 증인들과 악인들은 모두 기뻐했다.

사형 선고가 내려지고 며칠 뒤 성실의 사형이 먼저 시행되었다. 도시 사람들은 시청 앞 광장에서 성실을 칼로 찌르고, 그에게 돌을 던졌다. 그리고 마지막으로 화형에 처했다. 그런데 바로 그때 천사들이 나타나 성실의 영혼을 마차에 태워 천성으로 곧바로 올라갔다.

크리스천은 사형 집행을 기다리는 동안 하나님이 악인들의 마음을 누그러뜨리셔서 탈출에 성공할 수 있었다.

13.
위선자들

크리스천이 탈출했을 때, 크리스천과 성실의 믿음의 증거에 감동하여 뒤쫓아 온 사람이 있었다. 그의 이름은 소망이었다.

소망 : (크리스천을 뒤쫓아 가면서) 형제여, 같이 갑시다.
크리스천 : 누구시죠?
소망 : 저는 소망이라는 사람입니다. 저는 크리스천 씨와 성실 씨의 증거를 통해서 믿음을 갖

13. 위선자들

게 되었습니다. 이제 저도 천성을 향해 가고자 합니다. 동행했으면 합니다.

크리스천 : 오, 하나님의 구속의 은총이 형제에게 임했군요. 이제 우리는 형제입니다. 그러니 순례의 길을 같이 갑시다.

두 사람은 형제의 언약을 맺었다. 그들은 이제 수많은 거짓 신앙 고백자들을 만나게 되고, 유혹을 받을 것이다. 그런 그들 앞에 두 마음이라는 사람과 그의 친구들이 나타났다.

크리스천 : 당신은 종교를 이용해서 이익을 얻고자 하는 두 마음이라는 사람 아닙니까?

두 마음 : 이름은 맞지만, 당신의 말은 틀렸소. 나는 세상의 지혜를 이용해서 마땅한 이익을 추구하는 것이오.

크리스천 : 당신 친구들의 이름은 세상 사랑, 돈 사랑, 수전노 아닙니까?

두 마음 : 맞소. 그런데 내 친구들 역시 지혜가 충만한 자들이오.

소망 : 당신들은 종교의 탈을 쓰고 세상의 이득을 얻고자 하는 자들입니다. 당신들은 세상 물질을 얻기 위해 신앙의 모습을 하고 있습니다. 그것은 거짓 신앙입니다.

두 마음과 그의 친구들은 두 순례자의 말에 전혀 신경 쓰지 않고 자기들의 갈 길을 갔다.

크리스천과 소망은 다시 길을 나아갔다. 그런데 데마라는 사람이 나타나서 그들에게 소리쳤다.

데마 : 이리로 와서 은을 캐 가시오.

소망 : (크리스천에게) 우리 가봅시다.

크리스천 : 안 됩니다. 저 자는 우리를 속이는 자입니다. 저자의 말을 따라 그곳에 가면 큰 위험을 만나 죽을 수도 있습니다.

데마 : 절대 위험하지 않아요.

크리스천 : (소망에게) 저자의 이름은 데마입니다. 한때 신앙

이 있는 것처럼 보였지만, 세상을 사랑하여 자신의 신앙 고백에서 떠난 자입니다. 속아서는 안 됩니다.

크리스천의 도움으로 소망은 더 이상 유혹에 흔들리지 않고 그곳을 안전하게 빠져나올 수 있었다.

14.

샛길 초원과
의심의 성

크리스천과 소망은 생명수의 강에 이르렀다. 그들은 마음껏 몸을 씻고 나무의 과실을 먹으면서 여행 중의 모든 피로를 씻었다. 하나님이 계속해서 순례의 길을 갈 수 있도록 은혜를 베푸신 것이었다.

두 순례자는 생명수의 강을 떠나 다시 길을 가다가 험한 길을 만났다. 두 사람의 마음은 불편해졌다. 그러다가 순례의 길에서 벗어나 있는 샛길 초원을 보게 되었다.

크리스천 : 소망 씨, 여기 샛길 초원이 있습니다. 길이 아주 편안해 보입니다. 이 길로 가도 순례의 길을 만날 것 같습니다.
소망 : 글쎄요…….
크리스천 : (우기면서) 내 말을 들으세요. 아무 문제 없어요.

결국 두 사람은 순례의 길에서 벗어나 샛길 초원으로 들어섰다. 그들의 발은 매우 편해졌다.

크리스천 : 소망 씨, 제 말이 맞지 않습니까? 길이 너무 편합니다.

그때 천둥 번개가 치면서 폭우가 쏟아졌다. 이것은 잘못된 길로 들어선 두 사람을 향한 경고였다. 그때 한 사람을 만났다. 그의 이름은 헛된 확신이었다.

크리스천 : (헛된 확신에게) 이 길이 천성으로 가는 길이지요?
헛된 확신 : 네, 맞습니다.
크리스천 : (소망에게) 그것 보세요. 우리는 지금 제대로 가고 있어요.

그때 헛된 확신이 웅덩이에 빠져 그들의 눈앞에서 사라졌다. 잘못된 길로 인도한 것에 대한 하나님의 심판이었다.

소망 : 아무래도 잘못된 길에 들어선 것 같습니다. 원래 가던 순례의 길로 가야 합니다.
크리스천 : 제가 고집을 부려서 이렇게 어려운 일을 만나게 되었습니다. 소망 씨, 저를 용서해 주십시오.
소망 : 네, 용서합니다. 어서 서둘러 갑시다. 제가 앞상서 겠습니다.

두 사람은 벗어났던 길로 돌아가려고 애썼지만, 강물이 상당히 불어나 갈 수가 없었다. 그들은 쉴 만한 장소를 찾다가 동굴에 들어가서 날이 밝기를 기다렸다. 그러나 몹시 피

곤했기 때문에 그들은 곧 잠이 들고 말았다.

그들이 누워 있는 곳에서 그리 멀지 않은 곳에 의심의 성이라고 부르는 성이 있었다. 수요일 아침, 그 성의 주인인 절망 거인이 자신의 영토를 돌아보다가 동굴에서 자고 있는 두 사람을 붙잡았다. 절망 거인은 그들을 지하 감옥에 가두었다.

절망 거인에게는 아내가 있었는데, 그녀의 이름은 자포자기였다. 수요일 밤 아내는 절망 거인에게 두 순례자를 때리라고 말했다.

목요일 아침이 되자 절망 거인은 무지막지하게 두 순례자를 때렸고, 두 순례자는 영적으로 절망과 자포자기 상태에 빠졌다. 그날 밤 절망 거인의 아내는 남편에게 두 순례자가 스스로 목숨을 끊도록 만들라고 충고했다.

금요일 아침 절망 거인은 두 순례자에게 말했다.

절망 거인 : (두 순례자를 위협하면서) 이제 너희 스스로 목숨을 끊어라. 그것이 이 고통을 피할 수 있는 길이다.

거인이 물러가자 두 순례자는 어떻게 해야 할지 고민했다. 그들은 거인의 권면에 따라야 할지 말아야 할지 의논하기 시작했다.

크리스천 : 거인의 말대로 스스로 목숨을 끊는 것이 좋을 것 같습니다.
소망 : 안 됩니다. 우리가 자살하는 것은 불신앙의 극치인 교만입니다. 그리고 회개의 기회를 얻지 못해서 지옥에 떨어지게 됩니다.

크리스천은 한숨을 쉬면서 어찌할 바를 몰라 했다.
토요일 밤이 되었다.

소망 : (크리스천에게) 형제여, 우리가 지금까지 기도하지 않고 절망만 하고 있었습니다. 기도합시다.

두 사람은 열심히 기도하기 시작했고, 기도는 거의 동이 틀 때까지 계속되었다.

크리스천 : (깜짝 놀라면서) 저의 품에 약속이라는 열쇠가 있습니다. 이 열쇠로 의심의 성에 있는 어떤 문도 열 수 있습니다. 절망만 하고 기도하지 않아서 열쇠를 생각해 내지 못했습니다. 이제 이 열쇠로 빨리 성을 빠져나가야 합니다.

소망 : 어서 열쇠를 꺼내어 문을 열고 나갑시다. 하나님의 약속을 적용하면 어떤 문제도 해결할 수 있습니다.

두 사람은 의심의 성 지하 감옥에서 빠져나오기 시작했고, 이제 마지막 두 개의 문을 남겨 두고 있었다. 그런데 문이 열리면서 삐걱거리는 소리가 났다. 이 소리에 절망 거인이 깨어 두 순례자를 뒤쫓았다.

크리스천 : (당황해하면서 소망에게) 다시 거인에게 잡힐 것 같아요.

그때 절망 거인이 갑자기 발작이 일어나 순례자들을 뒤쫓아 갈 수 없었다.

순례자들은 마지막 문을 열고 의심의 성을 무사히 빠져나왔다. 그들은 주일에 그곳을 탈출해서 순례의 길까지 돌아올 수 있었다.

5.

기쁨의 산

계속 길을 가던 크리스천과 소망은 기쁨의 산에 도착했다. 이는 그리스도 안에서 영적으로 상당한 수준에 이르렀다는 것을 의미한다.

두 순례자는 산꼭대기에서 네 명의 목자를 만났다. 그들의 이름은 지식, 경험, 경계, 신실이었다. 이 이름은 참된 목자들이 갖추어야 할 영적 자질을 의미한다.

목자들이 밝게 미소 지으면서 두 순례자를 환영했다.

지식 목자 : 이제 두 사람은 더욱 딱딱한 가르침을 받아야 합니다. 영적으로 더욱 높은 수준에 이르기 위해서입니다.

목자들은 두 순례자를 데리고 오류라고 하는 언덕의 꼭대기로 갔다. 언덕 끝은 낭떠러지였는데, 그 아래에는 시체들이 많았다.

크리스천 : 여기에서 왜 사람들이 죽었습니까?
지식 목자 : 저들은 이단의 가르침을 듣고 오류에 빠져 구원의 은혜가 없던 자들입니다.

다음으로 목자들은 조심이라고 하는 산의 꼭대기로 두 순례자를 데리고 갔다. 그곳에는 많은 사람이 눈이 멀어 헤매고 있었다.

소망 : 이들은 왜 눈이 멀었습니까?

경계 목자 : 영적으로 조심하지 않고 의심의 성에 들어가
서 절망 거인에게 눈이 뽑힌 자들입니다.

소망 : 네?

크리스천과 소망은 서로를 바라보면서 눈물을 흘렸다. 자신들도 절망 거인에게 붙잡혀서 고생했으나, 주의 은혜로 빠져나오게 된 것이 감사했기 때문이다.

목자들은 이번에는 두 순례자를 데리고 언덕 아래로 내려갔다. 그곳은 매우 어둡고 연기가 자욱했으며 유황 냄새가 진동을 했다.

크리스천 : 이곳은 어디입니까?

경험 목자 : 이곳은 순례의 길에서 지옥으로 빠지는 샛길입니다. 많은 사람이 여기까지 왔으나 샛길을 택하고 지

옥으로 빠집니다.

크리스천 : 어떻게 그런 일이 일어나지요?

경험 목자 : 성령의 은사를 맛보고 한때 은혜를 경험한 것처럼 보이다가, 실제로는 은혜가 없기 때문에 순례의 길에서 벗어나 샛길을 택하고 망하는 것입니다.

크리스천 : (소망에게) 항상 겸손하여 주님께 은혜를 구해야겠습니다!

목자들은 두 순례자를 데리고 맑음이라고 하는 언덕의 꼭대기로 올라갔다. 신실 목자가 그들에게 망원경을 주면서 멀리 바라보라고 했다.

크리스천과 소망 : (망원경으로 보다가 손을 떨면서) 매우 웅장하고 아름다운 궁전이 보입니다!

신실 목자 : 그곳이 바로 여러분이 갈 천성입니다. 앞으로 아무리 힘들어도 오늘 본 것

을 잘 기억하며 가세요.

순례자들이 떠나야 할 때가 되자 목자들 중 한 사람이 길 안내도를 주었다. 다른 한 목자는 아첨쟁이를 주의하라고 당부했다. 또 다른 목자는 마법의 땅에서 잠들지 않도록 주의하라고 말했으며, 나머지 한 목자는 순례자들을 축복해 주었다.

16.

아첨쟁이와
마법의 땅

두 순례자는 계속해서 길을 가다가 두 갈래 길을 만났다. 그들은 어디로 가야 할지 몰랐다. 바로 그때 아첨쟁이가 그들 앞에 나타났다. 그는 새하얀 옷을 입고 있었다.

아첨쟁이 : (두 순례자에게) 왜 이곳에 서 있습니까?

두 순례자 : 우리는 천성으로 가는 길인데 어느 길로 가야 할지 모르겠습니다.

아첨쟁이 : 아, 그래요? 잘되었군요. 저도 천성으로 가는 중인데 따라오십시오.

두 순례자는 어느 길로 가야 할지 모를 때 목자들이 준 길 안내도를 보지 않았다. 그리고 아첨쟁이를 주의하라는 목자들의 가르침을 잊어버린 채 그를 따라가고 있었다. 그런데 점점 길이 회전되더니 천성과 반대 방향으로 향하게 되었다.

두 순례자 : 이 길이 아닌 것 같아요.

아첨쟁이는 두 순례자를 그물의 범위 안으로 인도했고, 결국 두 순례자는 그물에 갇혀 꼼짝할 수 없게 되었다. 그때 아첨쟁이는 자신의 정체가 빛의 천사로 가장한 자였다는 것을 보여 주고는 유유히 사라졌다.

두 순례자는 그물에 갇혀서 울고 또 울었다. 그들을 건져 줄 수 있는 사람은 아무도 없었다. 그들이 있는 곳은 아첨쟁이의 영역이었기 때문이다.

크리스천 : (소망에게) 우리가 거짓 선지자에게 속았습니다.

소망 : 목자들이 우리에게 그토록 경계했는데 그들의 말을 기억하지 않았습니다.

이렇게 두 순례자는 자신들의 어리석음에 대해 회개하며 슬퍼하고 있었다. 그러다가 그들은 빛나는 옷을 입은 사람이 손에 채찍을 들고 그들에게 다가오고 있는 것을 보았다. 그는 바로 성령님이었다.

빛나는 이 : 당신들은 순례자인데 왜 여기 이렇게 갇혀 있습니까?

두 순례자 : 아첨쟁이에게 속아서 이렇게 되었습니다.

빛나는 이 : 당신들은 네 명의 목자에게서 길 안내도를 받았고, 아첨쟁이를 주의하라는 말을 들었을 텐데 왜 이렇게 되었습니까?

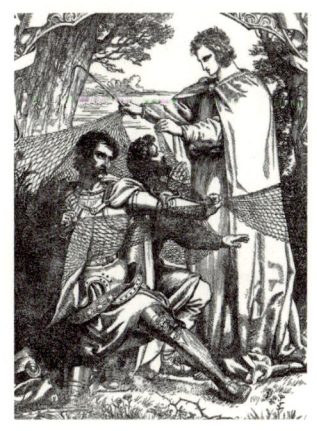

16. 아첨쟁이와 마법의 땅

두 순례자 : 외모가 굉장히 화려하고 깨끗한 데다가 말을 하도 잘해서 그자가 아첨쟁이일 거라고는 생각조차 하지 못했습니다. 그래서 길 안내도를 봐야겠다는 생각이 들지 않았던 것입니다.

빛나는 이는 두 사람에게 엎드리라고 명령했다.

빛나는 이 : 이제 당신들을 징계합니다. 당신들의 어그러진 걸음을 고치기 위해서입니다.

순례자들이 엎드리자 빛나는 이는 그들을 채찍으로 때렸다. 두 순례자는 매를 맞고도 하나님께 감사했다. 자신들의 죄 된 발걸음을 고치시는 사랑의 매라는 것을 알고 있었기 때문이다.

빛나는 이 : 이제 순례의 길에서 영적으로 더욱 경계하십시오.

두 순례자 : (고개를 숙이면서) 감사합니다.

두 순례자는 계속해서 길을 나아갔고, 목자들이 경계했던 마법의 땅에 도착했다.

소망 : (크리스천에게) 너무 졸려서 걸을 수가 없습니다. 잠깐 잠을 자고 나서 갑시다.

크리스천 : 안 됩니다. 목자들이 경계한 것을 기억하십시오. 이 마법의 땅에서 잠들면 우리 모두 죽습니다.

소망 : 마법의 땅은 왜 천성에 가는 길에 있는 것입니까?

크리스천 : 천성에 가는 사람들을 세상으로 유혹하여 세상의 잠에 빠지게 하는 것입니다. 형제여, 잠들면 안 됩니다. 어서 힘을 내세요.

소망 : 잠을 이기는 방법이 없을까요?

크리스천 : 우리가 서로 체험했던 구원의 은혜를 이야기합시다. 신자들의 경건한 대화는 세상을 이기는 방법이라고 들었습니다.

두 순례자는 자신들의 회심에 대해 이야기를 나누기 시작했다. 성령께서 죄를 깨닫게 하시고, 자신들을 낮추시며, 의지를 갱신해 주셔서 자신들이 예수 그리스도를 믿게 된 경위를 이야기했다. 이렇게 이야기하는 가운데 두 순례자는 마법의 땅을 벗어났다.

17.

죽음의 강과
천성 입성

두 순례자는 뿔라 땅이라는 곳에 도착했다. 이곳은 죽음을 앞둔 신자들을 위로하기 위해 마련된 곳으로, 죽음을 준비하는 은혜를 의미한다. 뿔라 땅에는 천성의 광채가 그대로 비추었고, 천사들을 자주 볼 수 있었다.

두 순례자는 얼른 천성에 올라가고 싶어 했다. 그때 그들 앞에 천사 두 명이 나타났다.

천사 1 : 이제 두 순례자는 죽음의 강을 건넌 후 천성에 들어갈 것입니다.

천사 2 : 죽음의 강을 믿음으로 건너야 합니다. 마지막에 여러분을 두렵게 하는 공격이 있을 수 있습니다. 그때 반드시 믿음으로 이겨 내십시오.

천사 1 : 믿음이 없게 되면 강바닥이 깊어져서 고생할 수 있습니다. 끝까지 주를 바라보고 건너십시오.

두 순례자는 죽음의 강에 이르러 그곳을 건너기 시작했다. 그런데 크리스천이 두려움에 빠졌다.

크리스천 : (소망에게) 형제여, 저는 천성에 못 들어갈 것 같습니다. 예수님을 믿은 후에도 저는 많은 죄를 범하며 넘어졌습니다.

크리스천은 물속으로 가라앉고 있었다. 소망은 그를 위로하려고 애썼다.

소망 : 아닙니다. 주께서 형제를 이미 받아 주셨으며, 지금 우리를 기다리고 계십니다. 주께서 약속해 주셨습니다. 약속을 믿으십시오.

크리스천은 소망의 도움을 받아 다시 믿음을 가지고 강을 무사히 건넜다. 두 순례자는 육신의 겉옷을 강에 버려두고 나왔다.

이미 마중 나온 천사들이 그들의 영혼을 데리고 천성으로 올라갔다. 마침내 두 순례자

의 영혼은 천성 문에 이르렀다. 천성 문 위에는 엘리야와 같은 사람이 있었는데, 그는 두 순례자에게 언약의 표시를 내보이라고 했다.

두 순례자 : 여기에 언약의 증서인 두루마리가 있습니다.

천사들이 두 순례자가 천성에 이르렀다는 것을 보좌 우편에 계신 그리스도께 보고하자, 그리스도는 천성 문을 열어 주라고 명령하셨다. 두 순례자는 천성 문을 통과하여 주의 보좌 앞에 섰다.

그리스도는 천사들에게 명령하셨다.

그리스도 : 두 순례자에게 의의 면류관을 씌워 주어라. 그리고 수금을 주어 어린양을 찬양하게 하라.

천사들은 그리스도의 명령에 따라 두 순례자에게 수금과 면류관을 주었다. 두 순례자는 영원히 복된 곳에서 어린양을 찬양했다.

그런데 지상에서 크리스천과 소망을 뒤따라오던 무지라는 자가 죽음의 강에 이르렀다. 무지는 성경을 알지만 지식적으로만 알 뿐, 성령의 구원의 역사가 그 영혼에 적용되지 않아 영적인 것과 구원에 대해서는 무지한 자였다. 무지는 죽음의 강에서 헛된 소망이라는 나룻배 사공을 만나 그 사람의 배를 얻어 타고 강을 건넜다.

무지도 천성 문에 도착했는데, 엘리야와 같은 이가 그에게 언약 증서를 보이라고 했다.

무지 : 저는 그런 것은 없습니다. 그러나 저는 지금까지 제가 예수님을 믿어 왔다고 확신합니다.
엘리야 : 그대는 자기 의로움으로 믿어 왔습니다. 그것은 믿음이 아니라 자기 확신에 불과합니다.

무지에 대한 소식이 그리스도께 보고되었다. 그리스도는 무지를 결박하여 지옥에 처넣으라고 명령하셨다. 그리하여 무지는 천사들에게 끌려가 지옥에 떨어지게 되었다.

무지 : 나의 의지로 믿는다고 했고 종교적 행위가 있었는데, 그것이 믿음이 아니라니……. 거짓 가르침으로 인해 내가 망하는구나.

무지는 교회를 다니면서 종교적 행위와 봉사도 했지만, 잘못된 가르침 가운데 자기 의를 따라 믿었던 자였다. 그는 지옥으로 떨어지면서 이를 갈며 슬피 울었다.

존 번연 : 여러분, 이 책은 여러분에게 구원의 은혜가 확실히 있게 하려고 쓴 작품입니다. 여러분 자신이 구원의 교리를 바르게 깨닫고 있는지, 성령의 역사로 인한 확실한 구원의 체험이 있는지 확인하십시오. 이러한 것이 없다면 지금 은혜를 구하십시오. 잘못된 가르침 가운데 있다면 구원의 은혜가 없다는 것을 기억하십시오. 그리고 지금 바로 바른 구원의 교리를 가르치고 있는 곳을 찾아가십시오.

사명선언문

너희가 흠이 없고 순전하여……세상에서 그들 가운데 빛들로
나타내며 생명의 말씀을 밝혀 _ 빌 2:15-16

1. 생명을 담겠습니다
만드는 책에 주님 주신 생명을 담겠습니다.
그 책으로 복음을 선포하겠습니다.

2. 말씀을 밝히겠습니다
생명의 근본은 말씀입니다.
말씀을 밝혀 성도와 교회의 성장을 돕겠습니다.

3. 빛이 되겠습니다
시대와 영혼의 어두움을 밝혀 주님 앞으로 이끄는
빛이 되는 책을 만들겠습니다.

4. 순전히 행하겠습니다
책을 만들고 전하는 일과 경영하는 일에 부끄러움이 없는
정직함으로 행하겠습니다.

5. 끝까지 전파하겠습니다
모든 사람에게, 땅 끝까지, 주님 오시는 그날까지
복음을 전하는 사명을 다하겠습니다.

서점 안내

광화문점	서울시 종로구 새문안로 69 구세군회관 1층 02)737-2288 / 02)737-4623(F)
강남점	서울시 서초구 신반포로 177 반포쇼핑타운 3동 2층 02)595-1211 / 02)595-3549(F)
구로점	서울시 동작구 시흥대로 602, 3층 302호 02)858-8744 / 02)838-0653(F)
노원점	서울시 노원구 동일로 1366 삼봉빌딩 지하 1층 02)938-7979 / 02)3391-6169(F)
일산점	경기도 고양시 일산서구 중앙로 1391 레이크타운 지하 1층 031)916-8787 / 031)916-8788(F)
의정부점	경기도 의정부시 청사로47번길 12 성산타워 3층 031)845-0600 / 031)852-6930(F)
인터넷서점	www.lifebook.co.kr